Bibliografische Information der Deutschen Nationalbibliothek:

Die Deutsche Bibliothek verzeichnet diese Publikation in der Deutschen National-bibliografie; detaillierte bibliografische Daten sind im Internet über http://dnb.d-nb.de/ abrufbar.

Impressum:

Copyright © 2014 GRIN Verlag, Open Publishing GmbH
Druck und Bindung: Books on Demand GmbH, Norderstedt Germany
ISBN: 978-3-668-09926-5

Dieses Buch bei GRIN:

http://www.grin.com/de/e-book/311173/usability-engineering-software-und-bedienoberflaechen-benutzerfreundlich

Fabian Bayer, Pia Keller

Usability Engineering. Software und Bedienoberflächen benutzerfreundlich gestalten

GRIN Verlag

GRIN - Your knowledge has value

Der GRIN Verlag publiziert seit 1998 wissenschaftliche Arbeiten von Studenten, Hochschullehrern und anderen Akademikern als eBook und gedrucktes Buch. Die Verlagswebsite www.grin.com ist die ideale Plattform zur Veröffentlichung von Hausarbeiten, Abschlussarbeiten, wissenschaftlichen Aufsätzen, Dissertationen und Fachbüchern.

Besuchen Sie uns im Internet:

http://www.grin.com/

http://www.facebook.com/grincom

http://www.twitter.com/grin_com

Information Technology 1

Hochschule Pforzheim
Master of Business Administration and Engineering
Wintersemester 2014/15

Thema 20:

Usability Engineering

Vorgelegt von: **Fabian Bayer**

Pia Keller

Pforzheim, 18. Dezember 2014

Inhalt

Abkürzungsverzeichnis

UE   Usability Engineering

Abbildungsverzeichnis

V

Tabellenverzeichnis

1 Usability Engineering

1.1 Definition und Abgrenzung zu artverwandten Disziplinen

Usability Engineering (UE) beschäftigt sich mit Methoden und Vorgehensweisen zur systematischen Einbeziehung der Benutzersicht in die Entwicklung interaktiver Systeme (Richter und Fückinger 2013, 3). Ist der Arbeitsablauf eines Systems durch Bedienhandlungen des Benutzers beeinflussbar, wird dieses als interaktiv bezeichnet (Heinecke 2012, 3). Usability Engineering unterstützt Abläufe und Prozesse aus Benutzersicht, vermeidet unnötige Komplexität, versucht, die Funktionalität eines Produktes auf ein „ideales Minimum zu reduzieren" und findet überall dort Anwendung, wo Benutzer mit interaktiven Systemen interagieren. (Richter und Fückinger 2013, 6 ff). So kommt die Leistungsfähigkeit des UE sowohl im privaten als auch im geschäftlichen Alltag zum Tragen.

Die International Organization for Standardization definiert Gebrauchstauglichkeit als "Ausmaß, in dem ein Produkt durch bestimmte Benutzer in einem bestimmten Nutzungskontext genutzt werden kann, um bestimmte Ziele effektiv, effizient und zufriedenstellend zu erreichen" (DIN Deutsches Institut für Normung e.V. 2009, 7). Im engeren Sinne des Begriffs steht Usability Engineering als Gütekriterium für die Gestaltung von Benutzeroberflächen. Hierunter fällt beispielsweise die Anordnung notwendiger Bedienelemente (Richter und Fückinger 2013, 4). Diese Ansicht ist jedoch zu eng gefasst. Die Norm zeigt deutlich, dass die Einpassung des Produktes eher in die Welt des Benutzers, als in den Anwendungskontext vorgenommen werden muss. Die Ebene der Gestaltung von Benutzeroberflächen baut auf Struktur, Informationen und Funktionalität des Produktes auf, wobei diese wiederum auf Zielen, Abläufen und Anwendungen des Systems basieren (Richter und Fückinger 2013, 6). In Bezug auf die Anwendungsentwicklung existiert jedoch keine einheitliche und klare Definition des UE. Bedingt ist dies durch viele Anwendungsgebiete des UE, welche sich nicht nur auf die Entwicklung von Systemen und Anwendungen beschränkt, sondern auch für Websites, Webanwendungen oder Hardware genutzt werden kann (Eller 2009, 59).

Die Notwendigkeit, den Benutzer in die Entwicklung interaktiver Systeme mittels UE einzubeziehen, resultiert vor allem aus der Tatsache, dass Entwickler durch ihren großen Erfahrungsschatz und Umgang mit der eingesetzten Technologie „die Sichtweise eines unbedarften Benutzers nicht mehr ohne Weiteres einnehmen können". Umgekehrt nehmen Benutzer innerhalb des Gebietes, in welchem die Technologie ihren Einsatz findet, die Expertenrolle ein. Der Entwickler ist hier zumeist Laie. (Richter und Flückinger 2013, 2 f). Durch Anwendung von UE-Methoden kann der Wissensschatz von Anwendern und Benutzern vereinigt und in der Systementwicklung berücksichtigt werden.

Usability Engineering ist eine Teildisziplin der Human Computer Interaction, welche sich aus „den Disziplinen der Ergonomie (als Teilgebiet der Informatik) und der *kognitiven Psychologie"* entwickelte und sich nicht nur mit Usability Engineering, sondern auch mit Menschen, Hardware, Software sowie Aufgaben und Organisationsstrukturen befasst (Eller 2009, 58). Als „Teilprozess der Entwicklung und Gestaltung technischer Systeme" ergänzt sie „das klassische Engineering, beispielsweise das Software Engineering um ergonomische Perspektiven" (Sarodnick und Brau 2006, 19).

UE ist mit vielen artverwandten Disziplinen interdisziplinär verknüpft. Sie verfolgt als Teilziel beispielsweise die Gebrauchstauglichkeit interaktiver Systeme, welche auch im Fokus des Wissenszweigs der Software-Ergonomie steht (Herczeg 2009, 6). Eine gemeinsame Schnittmenge zeigt sich auch mit der Disziplin des Software Engineering, welche die Entwicklung interaktiver Softwaresysteme nach „bekannten und bewährten Grundsätzen und Methoden der Informatik" behandelt (Herczeg 2009, 13). Trotz vieler Schnittmengen der oben genannten Teilgebiete „ist es sinnvoll, Software-Ergonomie, Interaktionsdesign und Usability Engineering heute fachlich zu trennen". Software-Ergonomie kann von den für die Systementwicklung verwendeten Technologien getrennt werden und ist somit unabhängig von Informations- und Kommunikationstechnik. Gegensätzlich dazu muss die Auswahl und Kombination von UE-Methoden in jedem Projekt neu definiert werden, da diese an die später verwendeten Technologien angepasst und ggf. weiterentwickelt werden müssen (Herczeg 2009, 13).

Wenn Mitarbeiter mittels eines Computerprogramms nicht die gewünschte Performance erreichen und deren Einarbeitung in das neue System einen enormen Zeitaufwand notwendig macht, sind dies Anzeichen einer mangelnden Usability. Auch die Reduktion der Systemnutzung auf ein Minimum, Umgehung von definierten Prozessen oder „Benutzerfehler", welche Unfälle, Datenverluste und andere Schäden hervorrufen können, schließen auf eine unzureichende Benutzereinbindung bei der Systementwicklung (Richter und Flückinger 2013, 9).

1.2 Mensch-System-Interaktion

Die Fähigkeit des Menschen, viele Informationen über unterschiedlichste Wege aufzunehmen, bietet Entwicklern interaktiver Systeme viele Möglichkeiten der Kommunikation, Interaktion und des Informationsaustauschs. Doch die Gefahr den Benutzer zu überfordern ist groß. Oftmals gehen Entwickler davon aus, dass sich er Mensch durch seine Flexibilität an unflexible Maschinen anpassen kann. In der Folge ergeben sich oftmals „lange Schulungszeiten, Stress am Arbeitsplatz oder Angst vor Fehlern." (Zühlke 2012, 5).

Der Mensch ist in der Lage durch sensorische Informationsaufnahme mittels Sinnessystemen Reize zu entdecken, zu erkennen und durch Filterung, Verdichtung und Interpretation Informationen zu verarbeiten, eine Handlung zu planen und anschließend motorisch umzusetzen (Zühlke 2012, 6 ff).

Der Sehsinn ist der bedeutendste Sinn im Zusammenhang mit der Mensch-System-Interaktion (Zühlke 2012, 54). Immer wichtiger wird auch die Nutzung des auditiven Systems zur Interaktion. Dieser kann bei bspw. einen eingeschränkten Sehsinn ersetzen und gewinnt im Zuge der zunehmend geforderten Barrierefreiheit stark an Bedeutung. Unter den Bereich Haptik fällt der Tastsinn, welcher Informationsaufnahme beispielsweise mittels Vibration ermöglicht. Anwendungen welche die Fähigkeit der Wärmeempfindung nutzen sind technisch einfach umsetzbar, werden jedoch noch nicht zur Mensch-System-Interaktion genutzt. Ebenfalls dem Bereich der Haptik zugeordnet ist der Gleichgewichtssinn, welcher u.a. in Flugsimulatoren zum Einsatz kommt. Geruchs- und Gleichgewichtssinn werden momentan jedoch vorwiegend in Spezialanwendungen wie beispielsweise in 4D-Kinos genutzt (Heinecke 2012, 61).

Spricht man also von der angestrebten Nutzbarkeit von Mensch-Computer- oder Mensch-Maschinen-Systemen, muss sich der Entwickler über die Fähigkeit des Menschen, Informationen über viele Kanäle aufzunehmen bei gleichzeitiger eingeschränkter Verarbeitung des vollen Informationsumfangs, bewusst sein. Die Methoden des Usability Engineering stellen sicher, dass die kognitive Performance des Benutzers optimal ausgeschöpft, jedoch nicht überfordert wird.

1.3 Usability Engineering im Laufe der Zeit und dessen zunehmende Bedeutung

Nutzerfreundlichkeit und Gebrauchstauglichkeit von Systemen stand nicht immer im Fokus der Entwickler. 1970 wurde die Human Computer Interaction, also die Erforschung der Mensch-Computer-Kommunikation, als wissenschaftliche Disziplin anerkannt. In den 80er Jahren entwickelte sich die Software-Ergonomie zur eigenständigen Disziplin, jedoch fand diese in dieser Zeit keinen Einzug in die Lehre, da in der Frühzeit der Rechnerverwendung die Nutzung identisch mit der Programmierung war (Heinecke 2012, VI).

Mit der Empfehlung „*Software-Ergonomie-Ausbildung in Informatik-Studiengängen an bundesdeutschen Universitäten*" der Gesellschaft für Informatik e.v. schaffte es die Software-Ergonomie in den Wahlbereich der Lehre. Durch Programmakkreditierungen findet das von der Gesellschaft für Informatik herausgegebene „Curriculum für ein Basismodul zur Mensch-Computerinteraktion" zunehmend Berücksichtigung innerhalb der Lehre und wird in vielen Informationstechnischen Studiengängen zum festen Bestandteil der Ausbildung (Heinecke 2012, VI).

Diese zunehmende Bedeutung des Usability Engineering ist notwendig und sinnvoll. Nicht zuletzt deshalb, weil wir als ständige Benutzer interaktiver Systeme in Alltag, Freizeit und Bildung von der Gebrauchstauglichkeit dieser abhängig sind (Herczeg 2009, 1). Richter und Fückinger beschreiben mit dem Statement „Wir alle sind Benutzer", dass auch Generationen, welche im Umgang mit Computern oder anderen interaktiven Systemen nicht vertraut sind, im alltäglichen Leben ständig mit diesen konfrontiert werden. Hierzu nennen Richter & Fückinger das Beispiel des Fahrkartenautomaten, der bis zu dem Zeitpunkt immer gut funktionierte, bis der Benutzer eine Fahrkarte mit Quittung lösen wollte (Richter und Fückinger 2013, 1).

Herceg nennt weitere Beispiele aus den Bereichen Arbeit, Bildung und Freizeit wie beispielsweise Bildschirmarbeitsplätze, Spielekonsolen, Smartphone und Digitalkameras. Auch Uhren, Informationsterminals, vernetzte Haushaltsgeräte, intelligente Fahrzeuge und Häuser sowie medizintechnische Systeme werden nicht nur von Programmierern bedient und erheben somit den Anspruch der Usability. Zudem folgt eine „erweiterte Lebensgrundlage unserer modernen Gesellschaft" in der Menschen zunehmend davon anhängig werden, „interaktive Systeme ohne Hürden wirkungsvoll nutzen zu können" (Herczeg 2009, 1).

Abbildung 1 - Wir alle sind Benutzer. Eigene Darstellung.

2   Software und Benutzerschnittstellen nutzbar gestalten

2.1   Der Usability-Engineering Lifecycle

Der gesamte Prozess des Usability Engineering wird in verschiedene Phasen eingeteilt. Ein einheitliches Phasenmodell existiert nicht. Bestehende Phasenmodelle des UE ähneln sich zwar, setzen aber verschiedene Schwerpunkte in Bezug auf das spätere Einsatzfeld.

Neben dem Prozessmodell der Daimler Chrysler Forschung, dessen wesentliche Entwicklungsphasen aus Projektmanagement, Anforderungsanalyse, User-Interface-Entwurf, Evaluation und Einführung besteht, existiert das Modell des Usability-Engineering Lifecycle nach Deborah J. Mayhew. Sie unterscheidet zwischen Anforderungsanalyse (Requirements Analysis), Entwicklung mit Evaluation (Design, Testing, Development) und Installation. Sarodnick und Brau entwerfen unter dem Argument der mangelnden Iteration bestehender Modelle das „Prozessmodel Process-Engineering" (Sarodnick und Brau 2006, 82 ff).

Aufgabenbereich	SE-Vorgehensmodelle	Benutzerorientierte Prozessmodelle
Analyse	Business Analysis Business Modeling Stakeholder-Interviews Moderierte Workshops Analyse von Altsystemen	*Contextual Inquiry* Beobachtungen Interviews Focus Groups Aufgabenanalysen *Fragebögen*
Modellieren	Business Modeling *Use-Case-Modell* *Use Cases* Domänenmodell Glossar *User Stories*	*Personas und Szenarien* *Storyboards* *UI Prototyping, Mock-ups* *User-Interface-Konzept*
Spezifikation	*Use-Case-Modell* *Use-Case-Spezifikationen* Nicht-funkt. Anforderungen Ablaufdiagramme Domänenmodell Anforderungssätze *User Stories*	*Szenarien* *Storyboards* *UI-Prototypen* *Styleguides*
Realisierung	Technisches Design SW-Architektur Implementierung	*Usability Guidelines* *Styleguides* *UI-Prototypen*
Evaluation	Formale Reviews Stellungnahmen Funktionales Testen Abnahmetests	*Usability Testing* Walkthroughs *Fragebögen* Checklisten und Heuristiken Experten-Reviews

Tabelle 1 - Gegenüberstellung gängiger Methoden aus Software Engineering und benutzerorientierten Vorgehensmodellen für jeden Aufgabenbereich (Richter und Flückinger 2013, 27)

UE ist ein Prozess, welcher parallel während des klassischen Software Engineering abläuft und mit diesem „verzahnt werden sollte" (Sarodnick und Brau 2006, 81). Software- und Produktentwicklung können verallgemeinert in die Aufgabenbereiche Analyse, Modellierung, Spezifikation, Realisierung und Evaluation untergliedert werden. (Richter und Flückinger 2013, 27). Unter dem Aspekt der bestehenden Uneinigkeit innerhalb der Literatur und ungeachtet der Notwendigkeit überlappender und iterativer Prozessschritte, können UE Methoden einzelnen Aufgabenbereichen des Softwareengineering zugeordnet werden. Dies repräsentiert der klassischen Software-Entwicklung die zeitlich parallel durchzuführenden benutzerorientierten Prozesse und zeigt die Einbindungsmöglichkeiten der Benutzersicht zu jedem Zeitpunkt der Softwareentwicklung auf.

In nachfolgenden Abschnitt werden typische Vertreter von UE-Engineering Methoden aus jedem Aufgabenbereich vorgestellt.

2.2 Ausgewählte Methoden des Usability Engineering

2.2.1 Contextual Inquiry

Contextual Inquiry ist eine Methode welche innerhalb der Analysephase zu Beginn der Softwareentwicklung eingesetzt wird. Die Methode analysiert die Benutzer und das spätere Einsatzumfeld des Systems. Die „Erhebung im Umfeld der Benutzer" erfolgt durch Beobachtung der Tätigkeiten bei gleichzeitiger Befragung der Benutzer. Daraus kann der Analyst Bedürfnisse von Anwendern erkennen (Richter und Fückinger 2013, 30). Hintergrund der Befragung während der Tätigkeit, ist die fehlende Fähigkeit des Menschen, seine Aufgabe zu einem späteren Zeitpunkt vollständig zu überblicken und reflektieren zu können (Richter und Fückinger 2013, 31).

Die Methode hat einen iterativen Charakter. Dies bedeutet, dass das Benutzerteam in definierten zeitabständen wiederholt befragt wird. Hierbei werden anfängliche Fragestellungen konkretisiert und bilden so die Ausgangbasis für nachfolgende Beobachtungs- und Fragerunden (Richter und Fückinger 2013, 31 f). Eine bedeutende Rolle für den Erfolg einer Erhebung im Umfeld des Benutzers ist die professionelle Vorbereitung ausgewählter Fragen und die Auswahl der Interviewten.

Sicht	Fragestellung
Rollenteilung und Kommunikation	Typische Rollenverteilungen
	Aufgaben und Verantwortlichkeiten
	Kommunikationsmittel
	Kommunikationszweck und Inhalte
	Vorteile und Probleme der Rollenteilung
Handlungsstrategien und Vorgehen	Ausführung von Tätigkeiten
	Unterschiedliche Vorgehensweisen
	Stärken und Schwächen
	Häufigkeit, Frequenz, Intensität und Dauer der Durchführung
	Ausnahmesituationen und Fehler, Spezialfälle
Artefakte	Bei der Arbeit benutzte Dokumente, Formulare, Werkzeuge usw.
	Aufbau und Informationsgehalt
	Verwendungszweck
	Anpassung an individuelle Bedürfnisse
	Zweckentfremdete Verwendung
	Vorteile und Probleme bei der Arbeit
Kulturelle und soziale Einflüsse	Personen, die Einfluss nehmen
	Wirkung von sozialem Druck, Machtausübung
	Verhaltensregeln
	Ziele, Werte und Vorlieben
	Widersprüchliche Einflüsse
	Probleme und Chancen auf kultureller Ebene
Physisches Umfeld	Raumaufteilung, Arbeitsplatzgestaltung
	Verfügbare Hilfsmittel
	Wege und Distanzen
	Einfluss auf Kommunikation
	Verbesserungspotenzial

Tabelle 2 - Fragestellungen, die in einer Contextual Inquiry untersucht werden können (Richter und Fückinger 2013, 33)

Die zu Befragenden sollten in Alter, Geschlecht, Position, Arbeitsort, Erfahrung, Fachwissen und kulturellem Hintergrund eine breite Streuung aufweisen und so möglichst allen zukünftigen Benutzergruppen in ihrer Meinung vertreten können (Richter und Flückinger 2013, 33).

Tabelle 2 zeigt fünf Sichten, welche spezielle Fragenstellungen fokussieren. Diese ermöglichen eine umfassende Befragung für die vollständige Erfassung später benötigter Informationen.

Um realistische und die Wahrheit reflektierende Antworten zu erhalten, wird oftmals die Methodik des Apprenticing angewendet, bei der der Interviewer die Rolle eines Auszubildenden einnimmt. Hieraus resultiert ein Vertrauensverhältnis, welches die Befragung erleichtert (Richter und Flückinger 2013, 34).

Neben der Aufnahme der Antworten ist es beim Contextual Inquiry bedeutend, zusätzliche Dokumente, Screenshots, Skizzen (beispielsweise aus Erklärungen fachlicher Zusammenhänge) oder bei der Arbeit verwendete Formulare zu sammeln (Richter und Flückinger 2013, 34).

Die Analyse der gesammelten Informationen verfolgt das Ziel, Ziele, Bedürfnisse, Probleme, Werte und Eigenheiten des Benutzers zu extrahieren, was als Grundlage für die Bildung von Peronas dienen kann. Aufgaben, Abläufe, Tätigkeiten sowie Schwierigkeiten des aktuellen Systems zu erfahren und mittels Begriffen und Informationen des Fachbereichs ein tiefergehendes

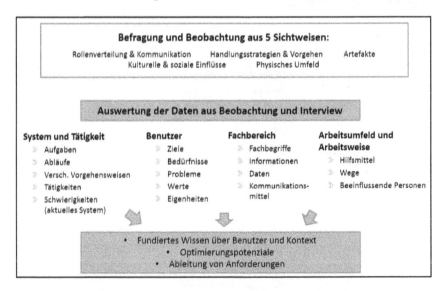

Abbildung 2 - Ablauf und Informationen innerhalb einer Contextual Inquiry. Eigene Darstellung.

Verständnis für das analysierte Arbeitsumfeld zu entwickeln (siehe Abb.2). Diese Informationen sollen zur Aufbereitung mittels einem Affinitätsdiagramm (siehe Abb. 3) oder grafischer Methoden, beispielsweise durch ein Informationsflussmodell dargestellt werden. Ziel ist die Ableitung von Anforderungen, die Generierung fundierten Wissens über den Benutzer und dessen Umfeld sowie die Entdeckung von Optimierungspotenzialen. (Richter und Fückinger 2013, 35)

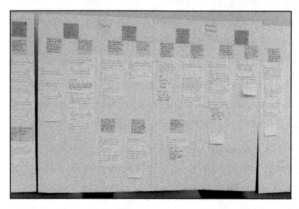

Contextual Inquiry kann auch als Ergänzung zur Geschäftsprozessmodellierung genutzt werden. Sie ergänzt Standardabläufe um Problemlösungsstrategien der Benutzer und veranschaulicht Alternativprozesse die im Geschäftsprozessmodell nicht abgebildet werden (Richter und Fückinger 2013, 37).

Abbildung 3 - Affinitätsdiagramm (The Portfolio of Josh Keyes 2014)

2.2.2 Personas

Bei Personas handelt es sich um prototypische, fiktive Benutzer des zukünftigen Systems. Aus

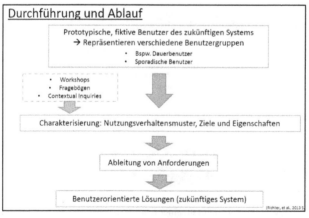

deren unterschiedlichen Nutzungsverhaltensmustern, Zielen und Eigenschaften werden benutzerorientierte Lösungen für das zukünftige System abgeleitet. Im Endergebnis sind zukünftige Benutzergruppen im Detail charakterisiert (Richter und Fückinger 2013, 39).

Abbildung 4 - Erstellung einer Persona, Eigene Darstellung.

Um Personas zu generieren, werden Benutzerinformationen bspw. in Workshops, Fragebögen oder Contextual Inquiries erarbeitet (siehe Abb.2). Hierbei stehen nicht nur offensichtlich benötigte Benutzereigenschaften wie dessen Beruf, Funktion, Verantwortlichkeit und Aufgabenbereich im Fokus. Erfragt werden auch dessen Werte, Ängste, Sehnsüchte, Vorlieben und Verhaltensmuster, da diese dessen Handlungsweise und somit seinen späteren Umgang mit dem System beeinflussen. Weiterhin sind die Ziele des Benutzers, dessen fachliches Wissen und seine durchlaufene Ausbildung, sowie Kenntnisse im Umgang mit Computern, Konkurrenz- und Vorgängersystemen für die Erstellung von Personas notwendig. Zusätzlich soll das Verbesserungspotenzial bezüglich der Ist-Situation und Erwartungen an die neue Lösung in Erfahrung gebracht werden (Richter und Fückinger 2013, 40).

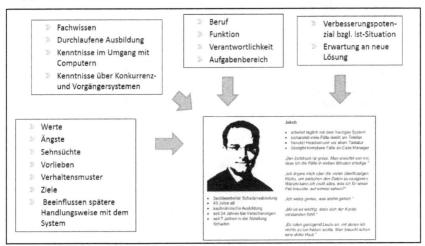

Abbildung 5 - Informationen für die Erstellung einer Persona (Eigene Darstellung, Persona „Jakob" aus Richter und Fückinger)

Personas werden auch zur Priorisierung von Benutzeranforderungen an das System verwendet. So ermöglichen Personas beispielsweise die Gewichtung der Bedürfnisse von Dauer- und Gelegenheitsnutzern und stellen eine zielgruppengerechte Systemgestaltung sicher. Es existieren verschiedene Typen von Personas, welche in der Systemgestaltung bezüglich Berücksichtigung ihrer Präferenzen abgestuft sind (Richter und Fückinger 2013, 41).

Die primäre Persona repräsentiert den Zielbenutzer des zukünftigen Systems. Die Eigenschaften des Systems befriedigen hauptsächlich die Bedürfnisse der primären Persona. Die Bedürfnisse sekundärer Personas sind größtenteils durch primäre Personas abgedeckt, notwendige Erweiterungen werden aber ergänzend bei der Systemgestaltung berücksichtigt. Ergänzende Personas spiegeln eine Teilmenge der Primärpersonas wieder, die Bedürfnisse von Non-Personas finden keine Berücksichtigung in der Systemgestaltung (Richter und Flückinger 2013, 41).

Um die Einprägsamkeit der Personas zu erhöhen, ist es sinnvoll, diese zu personalisieren. Hierzu können Personas mit einem Namen, Geschlecht, Alter oder einem Portrait versehen werden. Zusätzlich können mit ihm Charakterzüge und passende Ausschnitte aus Interviews verbunden werden (Richter und Flückinger 2013, 41).

Jakob

- arbeitet täglich mit dem heutigen System
- behandelt viele Fälle direkt am Telefon
- benutzt Headset und vor allem Tastatur
- übergibt komplexe Fälle an Case Manager

„Der Zeitdruck ist gross. Man erwartet von mir, dass ich die Fälle in sieben Minuten erledige."

„Ich ärgere mich über die vielen überflüssigen Klicks, um zwischen den Daten zu navigieren. Warum kann ich nicht alles, was ich für einen Fall brauche, auf einmal sehen?"

- Sachbearbeiter Schadenabteilung
- 43 Jahre alt
- kaufmännische Ausbildung
- seit 24 Jahren bei Versicherungen
- seit 7 Jahren in der Abteilung Schaden

„Ich weiss genau, was wohin gehört."

„Mir ist es wichtig, dass sich der Kunde verstanden fühlt."

„Es rufen genügend Leute an, mit denen ich nichts zu tun haben wollte. Man braucht schon eine dicke Haut."

Abbildung 6 - Beispielhafte Persona (Richter und Flückinger 2013, 40)

Abbildung 6 zeigt die beispielhafte Persona „Jakob" als Repräsentanten von Dauernutzern. Durch einprägsame Beispiele wie diesen ist es den Entwicklern möglich, die Nutzersicht einzunehmen und dauerhaft zu verinnerlichen. 1983 erfand Alan Cooper die Persona-Technik während er das Vorbild des heutigen MS Projekt entwickelte. Seine damalige Benutzeroberfläche dient noch heute als Vorlage aller MS Project Versionen (Cooper 2014).

"Personas, like all powerful tools, can be grasped in an instant but can take months or years to master. Interaction designers at Cooper spend weeks of study and months of practice before we consider them to be capable of creating and using personas at a professional level."

2.2.3 Szenarios

Mittels Szenarien nimmt das Entwicklungsteam, wie auch bei Personas, die Perspektive des Benutzers ein. Anwendungsszenarien beschreiben Verhaltensweisen und Erfahrungen des Benutzers, welche er auf dem Weg zur Zielerreichung mittels des Systems durchlebt. Zu den aktuellen Bedürfnissen können zusätzlich neue Bedürfnisse vorausgeahnt werden. Mögliche Interaktionen des Benutzers im Umgang mit dem System werden anhand realistischer Beispiele aufgelistet (Carrol und Rosson 2002, 16 f, 22).

Als Beispiel beschreiben Richter und Flückinger das Szenario „Aufnehmen eines Schadensfalls" (siehe Beispiel aus Abbildung 6): „Es ist 15.00Uhr. Bei Jakob klingelt das Telefon. Auf seinem Bildschirm erscheinen neben der Telefonnummer Name und weitere Angaben des anrufenden Kunden. Jakob nimmt den Anruf entgegen und begrüßt den ungeduldigen Kunden, der eine kaputte Fensterscheibe melden möchte. Da für diesen Kunden verschiedene Versicherungsverträge bestehen, wählt Jakob die entsprechende Police aus der Übersicht aus. Danach nimmt Jakob den Schadensfall des Kunden auf. (Richter und Flückinger 2013, 42)".

Aus diesen Informationen ist es den Entwicklern möglich, folgende Anforderungen an das System abzuleiten: Name, Angaben des Anrufers und dessen bestehende Versicherungspolicen müssen innerhalb kürzester Zeit automatisch angezeigt werden (Richter und Flückinger 2013, 43). Diese Ergebnisse dienen neben der Definition von Anforderungen auch als Basis für Benutzerschulungen und sind Vorbild für Testszenarien welche zur Evaluation des Systems entwickelt werden (Richter und Flückinger 2013, 44).

Der bei Szenarios fokussierte Schwerpunkt, dass sich Ziele, Pläne und Meinungen des Benutzers ändern können, differenziert Szenarios von Use Cases und zeigt die Methode als hervorragende Ergänzung zu diesen (Carrol und Rosson 2002, 17).

2.2.4 Paper Prototyping

Paper Prototyping ist eine Methode um Benutzerschnittstellen zu entwerfen, umzugestalten und zu testen. Sie kann plattformunabhängig angewendet werden und kommt somit bei der Entwicklung von Websites, Webanwendungen, Software, Handgeräten und anderer Hardware zum Einsatz (Snyder 2003, 3 f). Die Methodik dient sowohl der Modellierung und Spezifikation des Benutzerorientierten Modells und kann auch als Testinstrument genutzt werden (Richter und Flückinger 2013, 27).

Die Ausgangslage zur Erarbeitung eines Papier-Prototypen mit dem Ziel des Entwurfs einer Benutzerschnittstelle, bilden idealerweise Ergebnisse aus den Phasen der Analyse. Die Verwendung von Resultaten aus Persona- und Szenariobildung sowie vereinbarte Anforderungen sind geeignete Mittel, um eine zielgruppenorientierte Benutzerschnittstelle zu modellieren (Richter und Fückinger 2013, 56).

Snyder definiert Paper Prototyping als eine Variation des Usability Testing, in dem stellvertretende Nutzer realistische Aufgabenstellungen durch Interaktion mit einer Papierversion der Schnittstelle durchführen, während eine Person im Sinne eines Computers handelt und diesem manipuliert, ohne dem Bediener die beabsichtigte Funktionsweise des Computers zu erläutern (Snyder 2003, 4).

Für die Durchführung des Paper Prototyping wird eine Person aus der Zielbenutzergruppe eingeladen. Im Vorfeld definiert das Entwicklerteam eine typische Aufgabenstellung aus der späteren Anwendung. Es werden Handskizzen aller Fenster, Menüs, Dialogfenster, Daten, Pop-Ups u.Ä. die zur Durchführung der Aufgabe notwendig sind, angefertigt. Möglich sind auch Screenshots von Oberflächenmodellierten Interfaces, jedoch ist dies durch eine aufwändigere

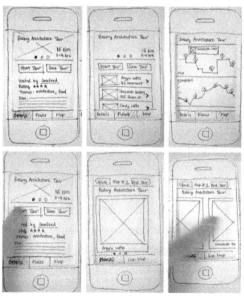

Änderung und längere Änderungsdauer bei iterativer Vorgehensweise nicht zu empfehlen (Snyder 2003, 4).

Die Testperson muss die Aufgabenstellung anhand der Prototypen lösen, indem sie mit einem Fingerdruck auf entsprechende Tasten oder Bereiche drückt oder eine Texteingabe durch direktes Schreiben auf den Prototypen durchführt (Snyder 2003, 5).

Teammitglieder, welche das Verhalten des Systems simulieren, wechseln bspw. Bildschirme ohne die Funktionsweise zu erläutern. Die Sitzung wird durch einen Moderator moderiert, während mehrere Beobachter das Gesehene notieren (Snyder 2003, 5).

Abbildung 7 – Paperprototyping (UNITE UX 2014)

Bei der Durchführung werden sowohl gut funktionierende Teile als auch Schwachstellen des Interface schnell detektiert. Aufgrund der Papierform kann der Prototyp während oder nach der Durchführung der Session schnell modifiziert werden. Eine iterative Vorgehensweise erlaubt die rasche Erstellung verbesserter Versionen der Interfaces, welche wiederum getestet werden, bevor ein Interface aufwändig programmiert werden muss (Snyder 2003, 5).

Eine artverwandte Methode, welche oftmals mit Paper Prototyping in Verbindung gebracht wird, sind Storyboards, welche als eigene Methode durchgeführt und unter anderem mittels Papierprototypen durchgeführt werden kann (Snyder 2003, 9).

2.2.5 Storyboards

Ein Storyboard stellt die bedeutendsten Elemente einer Anwendung bildlich dar und dient damit als Kommunikationsinstrument zwischen Entwickler und Anwender. Die Art der Darstellung eines Storyboards kann auf unterschiedlichste Weise erfolgen. Von einer reinen Skizzenabfolgen bis hin zur detaillierten Ausarbeitung von Bildergeschichten, in denen handelnde Personen die im Kontext stehende Tätigkeit ausüben. Storyboards werden von Entwicklern dann verwendet, wenn Informationen durch Sprache oder Text nur unzureichend vermittelt werden können. Aus diesem Grund eignen sich Storyboards besonders dann, wenn es sich um schwer verständliche Sachverhalte handelt oder die Anwendung in einer komplexen Umgebung eingesetzt werden soll (Richter und Flückinger 2013, 48).

Storyboards zeigen eine Geschichte, die davon erzählt, wie ein User eine neue Anwendung nutzenstiftend einsetzt. Der grundlegende Gedanke von Entwicklern beim Einsatz dieser Methodik ist: „Wir als Projektteam denken, dass diese Lösung eure Bedürfnisse erfüllt und so realisiert werden kann. Wo irren wir uns und wo habt ihr Bedenken?" Damit dieser Gedanke auch zielführend ist, sollten bei der Anwendung mehrere Aspekte beachtet werden. Die Geschichte sollte keine abstrakten Sachverhalte, sondern ein konkretes Fallbeispiel wiederspiegeln, um die Praxisrelevanz zu erhöhen. Dabei werden Zusammenhänge verdeutlicht und insbesondere auch kritische Stellen der Tätigkeit wiedergegeben. Die Protagonisten werden charakterisiert und es sollte plausibel erklärt werden können, weshalb diese so handeln wie es in der Geschichte dargestellt wird. Im Verlaufe des Projekts sollte das Storyboard weiter präzisiert werden. Die praxisnahe Darstellung und Detaillierung der Boards bieten Anlass zur Diskussion zwischen Entwicklern und Anwender und tragen somit zur kontinuierlichen Optimierung der Usability bei. (Richter und Flückinger 2013, 49).

Die Einsatzgebiete von Storyboards sind sehr vielfältig. Von der Filmindustrie als Hilfsmittel der Regisseure bis hin zu Softwareentwicklungen findet diese Methodik Anwendung. Letztendlich können sie überall dort eingesetzt werden, wo etwas Neues, bisher Unbekanntes entsteht, und ein Kommunikationsinstrument zur Umsetzung einer optimalen Usability benötigt wird (Richter und Flückinger 2013, 48).

Die nachfolgende Grafik zeigt ein Storyboard. Aufgrund der eher skizzenhaften und wenig detaillierten Bilder ist zu erkennen, dass dieses Board zu Beginn eines Projektes erstellt wurde. Konkret handelt es sich hierbei um ein Start-Up Unternehmen, das sich die Frage stellt, wie potenzielle Sponsoren bei ei-

Abbildung 8 – Storyboards (Gezeitenraum 2014)

ner Produktvorstellung in ein für Sie günstiges Licht stellen könnte. In Bild 1 stellt das Unternehmen auf eindrucksvolle Weise das neue Produkt vor. Anschließend betritt der Geschäftsführer des Start-Ups gemeinsam mit dem potenziellen Sponsor die Bühne (Bild 2). Sichtlich erstaunt über das neue Produkt stellt der Gast verschiedene Fragen (Bild 3). In Folge einer guten Vorbereitung auf die Präsentation können die Mitarbeiter dem Sponsor alle Fragen zufriedenstellend beantworten (Bild 4). Applaudierend und begeistert verlässt der Investor die Bühne (Bild 5). Als Fazit bleibt festzuhalten, dass ein neuer Sponsor durch die Produktpräsentation gewonnen werden konnte (Bild 6). (Gezeitenraum 2014)

2.2.6 Usability Guidelines

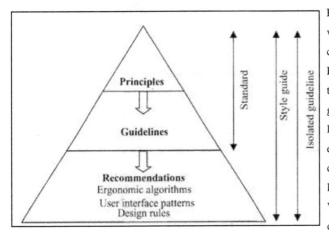

Abbildung 9 - Einordnung von Guidelines (Usabilityblog 2014)

Für die Gestaltung von Benutzeroberflächen bedienen sich Entwickler einer weiten Bandbreite an Regelwerken, den Usability Guidelines. Es existieren verschiedene Arten von Usability-Guidelines. Nach Vanderdonckt können diese wie folgt klassifiziert werden. (Usabilityblog 2014)

Die sogenannten *Principles* sind die grundlegenden Leitsätze der Usability-Entwickler und beeinflussen deshalb wesentlich die strategischen Designentscheidungen im Entwicklungsprozess. Diese Leitsätze berücksichtigen die neuesten Forschungsergebnisse über die menschliche Wahrnehmung, das Lernvermögen des Menschen sowie über das menschliche Verhalten im Kontext zu neuen Anwendungstechnologien. (Usabilityblog 2014)

Auf Grundlage der Principles werden Guidelines definiert. Sie beschäftigen sich mit einem bestimmten Designbereich, z.B. dem Webdesign. So könnten bspw. ein einheitliches Design und die Verwendung von visuellen Sprachen definierte Ziele in einem Guideline sein. Für die Umsetzung dieser sehr vage formulierten Zielsetzungen müssen diese entsprechend Interpretiert werden, um den Anforderungen und Bedürfnissen einer Organisation zu genügen. (ebd.)

Aus diesem Grund werden in den sogenannten *Recommendations* eindeutig präzisierte Entscheidungsgrundlagen für einen Entwicklungsbereich festgelegt. Diese werden aus den vorausgegangen Principles und Guidelines abgeleitet, unter Berücksichtigung der Anforderungen der Organisation. Mittels Designregelungen, ergonomischen Algorithmen, Styleguides oder User Interfaces Patterns werden diese Empfehlungen detailliert definiert und ermöglichen somit keinen Interpretationsspielraum mehr (ebd.).

Sind basierend auf den Principles und Guidelines einzelne Empfehlungen von Entwicklern ausgearbeitet, empirisch getestet und veröffentlicht worden, spricht man von *Isolated Guidlines*.

Die Zusammenführung einzelner isolierter Guidelines in ein ganzheitliches und verständliches Usability-Regelwerk wird als *User Interfaces Pattern* bezeichnet (Usabilityblog 2014).

In der Anwendung von Entwicklern dienen Usability-Guidelines in erster Linie als Hilfsmittel für eine regelkonforme und einheitliche Benutzeroberfläche. Dem User soll durch die Berücksichtigung der Richtlinien die Anwendung erleichtert werden, indem er auf bekannte Designs und Elemente trifft, die ihm die Navigation wesentlich vereinfachen. Wann ein Regelwerk definiert und eingesetzt werden soll, lässt sich pauschal nicht festlegen. Hierfür sind Erfahrung und Know-How im Usability Engineering erforderlich. Denn die blinde Einhaltung aller Normen und Regelungen kann schnell die Entwicklungsfreiheit stark beeinträchtigen und gute Usability sogar verhindern. Deshalb ist die Wahl eines geeigneten Detaillierungsgrads eine wesentliche Problematik bei der Anwendung von Guidelines (Richter und Fückinger 2013, 75).

Nachfolgend ein Praxisbeispiel der Allianz SE. Diese hat in ihrem Guideline Handbuch exakte Guidelines definiert wie Texte, Bilder, Grafiken, Farben etc. auszusehen haben. Beispielsweise sollten Bilder der Allianzgruppe eine natürliche Umgebung wiederspiegeln und nicht den Eindruck von Studioaufnahmen erwecken. Die Motive sollen ein freundliches und positives Gefühl vermitteln. Schreckensszenarien wie bspw. Unfälle oder Naturkatastrophen dürfen nicht als Motiv benutzt werden. Bei den Farben ist hingegen eine Differenzierung zwischen Business to Business und Business to Customer festzustellen. Im BtC- Bereich sind die Farben ein wenig heller wie im BtB Bereich. (SE 12)

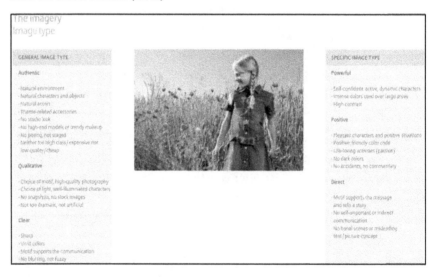

Abbildung 10 - Allianz Styleguide für Bilder (SE 12)

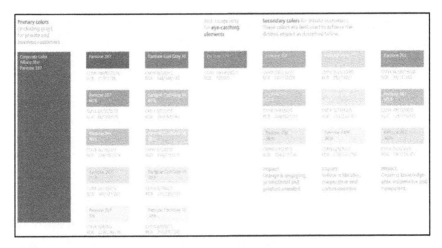

Abbildung 11 - Allianz Styleguide für Farben BtoC (SE 12)

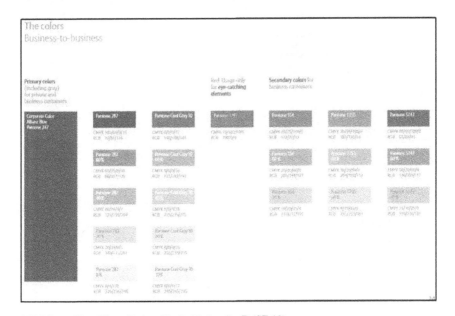

Abbildung 12 - Allianz Styleguide für Farben BtoB (SE 12)

2.2.7 Usability Tests

Ein Usability Test ist die klassische und sicher auch bekannteste Methode zur Bestimmung der Gebrauchstauglichkeit eines Produktes oder einer Dienstleistung. Bei diesen Nutzertests bearbeiten repräsentative Anwender im Labor unter realen Bedingungen typische Aufgaben mit dem bis dato entwickelten Prototypen, um dessen Stärken und vor allem Schwächen zu identifizieren. Zu Analysezwecken werden die Nutzertests in der Regel aufgezeichnet. Aus den Beobachtungen kann abgeleitet werden, an welchen Stellen der Aufgabenbearbeitung der Anwender Probleme oder Unklarheiten mit dem Produkt hat. Mittels Fragebögen können zusätzlich die subjektiven Erfahrungen, die User Experience der Teilnehmer, festgehalten werden. Damit aus den Nutzertests alle relevanten Erkenntnisse gewonnen werden können, ist es Notwendig, den Ablauf dieser Methode zu kennen und eine gute Vorbereitung aller Beteiligten sicherzustellen (Onlinemarketing 2014).

Mit der Festlegung von Ziel und Zweck des bevorstehenden Nutzertests beginnt der erste und wichtigste Schritt eines Usability Tests. Auftraggeber und Testleiter definieren explizit, welche Anwendungen und Funktion getestet werden sollen und welche Ziele damit erreicht werden können. Typischerweise werden neuentwickelte Produktkomponenten oder komplexe Funktionen untersucht. Beispielsweise soll untersucht werden, inwieweit die neue Suchfunktion eines Programmes die durchschnittliche Bearbeitungszeit einer Auftragserfassung reduziert (Moser 2012, 222).

Im nächsten Schritt wird auf Basis der festgelegten Zielvorstellung ein Testlayout entworfen. Dieses enthält Informationen über den Zeitplan der Untersuchung und über die angewendete Methodik. Es gibt mehrere Methoden mit denen das Verhalten der Teilnehmer beobachtet und somit Produktverbesserung im Nachgang analysiert werden können.

- Interaktionsaufzeichnung: Hierbei wird nicht der Teilnehmer selbst, sondern explizit seine Eingaben über Tastatur, Maus, Touchscreen etc. aufgezeichnet. Dadurch lässt sich bspw. analysieren wie lange ein Teilnehmer durchschnittlich den Mauszeiger bewegt, bis er auf den richtigen Button klickt.
- Videoüberwachung: Die Videoüberwachung erfolgt mit mehreren auf den Teilnehmer und das Produkt ausgerichteten Kameras. Somit können bspw. Gesichtszüge bei einer entsprechenden Produktmaske oder einem Aufgabenteil erfasst werden.
- Eye-Tracking: Bei dieser Methode wird die Blickbewegung des Probanden aufgezeichnet. Damit kann bspw. analysiert werden, welche Seitenbereiche einer Website oft und welche

eher weniger beachtet werden. Daraus kann abgeleitet werden, an welcher Stelle für die Anwendung relevanten Informationen stehen sollten.

- Lautes Denken: Hierbei gibt der Proband seine aktuellen Eindrücke während des Tests sprachlich wieder. Durch die spontane Informationsgewinnung kann nachvollzogen werden wie die Testpersonen mit dem Produkt interagieren, wo sich der Ursprung von Problemen befindet und was die Teilnehmer wirklich denken (E-Teaching 2014).

Damit eine Vergleichbarkeit der Testergebnisse der jeweiligen Testpersonen gewährleistet werden kann, erhalten alle Probanden dieselben Aufgabenstellungen. Diese sollten einen eindeutigen Praxisbezug haben, d.h. diese könnten sich in der Praxis tatsächlich so abspielen. Der Schwierigkeitsgrad sollte so gewählt werden, dass die Aufgaben lösbar, zugleich aber nicht trivial sind. So sollte auf die Verwendung von technischer Anleitung, in der Schritt für Schritt bzw. Klick für Klick der Lösungsweg aufgezeigt wird, verzichtet werden. Denn eine gute Usability macht solche Beschreibungen überflüssig (Richter und Flückinger 2013, 80).

Die Auswahl repräsentativer Testpersonen erfolgt im dritten Schritt. Wichtig ist, dass möglichst viele verschiedene Benutzertypen teilnehmen. Die Anzahl der Teilnehmer sollte bei qualitativen Untersuchungen ca. 5 – 10 Testpersonen, bei quantitativen eine entsprechend ausreichend große Zufallsstichprobe gewährleistet sein. Die exakte Anzahl hängt von der jeweiligen Zielsetzung des Nutzertests ab. Als Faustgröße empfiehlt es sich etwa ein Drittel an Teilnehmer mehr zu akquirieren, als für die Auswertung wirklich benötigt werden, da einige absagen oder die Tests nicht zuverlässig durchführen (Moser 2012, 222).

Nach Abschluss der Vorbereitung kann im nächsten Schritt mit der Durchführung des Usability Test begonnen werden. In der Durchführungsphase befindet sich der Proband in einer separaten Räumlichkeit, die entsprechend den ausgewählten Observationsmethoden mit speziellen Technologien ausgestattet ist. Neben dem unabhängigen Testleiter empfiehlt es sich, auch Vertreter des Auftraggebers, bspw. dessen Entwickler und Ingenieure in die Gruppe der Beobachter mit aufzunehmen. Diese befinden sich während der Durchfüh-

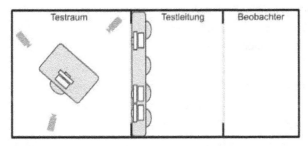

Abbildung 13 - Layout eines Testlabors (Richter, et al., 2013 S. 82)

rung vorzugsweise in einer weiteren Räumlichkeit die mittels einer Glasscheibe die visuelle Verfolgung des Tests ermöglicht. Damit ist gewährleistet, dass sie den Testverlauf genau beobachten, bei Bedarf protokollieren können und gleichzeitig die Kommunikation zwischen Testleiter und Proband nicht beeinflussen oder stören können (Richter und Fückinger 2013, 82).

Nach der Durchführung der Tests erfolgt dessen Auswertung. Zunächst tauschen sich Proband, Testleiter und Beobachter über die gewonnen Eindrücke und den Versuchsverlauf aus. Anhand von Kennzahlen wird nun versucht, die Testergebnisse zu quantifizieren. Beispielsweise kann die durchschnittliche Durchführungsdauer bestimmter Aufgaben ermittelt werden und mit der geplanten Soll-Zeit verglichen werden. Weiter wird analysiert, welche Probleme häufig aufgetreten sind und wie schwerwiegend diese sind. Abhängig von der gewählten Observationsmethodik können diese auf unterschiedliche Art und Weise identifiziert werden. Abschließend werden die Testergebnisse in einem Report dokumentiert. Es empfiehlt sich zu den signifikanten Ergebnissen Bilder oder Testprotokolle zur besseren Veranschaulichung beizulegen (Usability Test 2014).

Eine Vielzahl von Vorteilen von Usability-Tests machte Sie jahrelang zur Best-Practice-Methode im Usability Engineering. Hierzu gehören vor allem die Laborbedingungen. Sie ermöglichen eine eindeutige Nachweisbarkeit von identifizierten Schwachstellen eines Produktes bzw. der Dienstleistung. Ebenso ermöglicht es den Entwicklern als Beobachter den Testverlauf genau verfolgen zu können. Entsprechend können sie sich ein eigenes Bild über die Stärken und Schwächen des Produktes machen und somit bereits mit neuen Ideen eine Produktverbesserung einleiten. Die unabhängige Stellung des Testleiters, so wie die Absicht, dass Beobachter nicht in den Testablauf eingreifen können, gewährleistet die Einhaltung von Gütekriterien wie Objektivität, Reliabilität und Validität (Richter und Fückinger 2013, 83).

Ein wesentlicher Nachteil dieser Methodik hingegen besteht im exorbitanten Aufwand von Usability Tests. Die Vorbereitung, Durchführung und Auswertung eines Tests erfordert viel Zeit. Zudem ist ein breites Spektrum an Know-How und Erfahrung notwendig um hochwertige Testergebnisse zu erhalten. Eine Vielzahl an potenziellen Fehlerquellen, wie bspw. eine unangemessene Anzahl an Probanden, eine fehlerhafte Versuchsdurchführung oder ein mangelndes Berichtswesen bei der Auswertung, können schnell zum Misserfolg von Usability-Tests führen. Ebenso negativ zu bewerten ist der Einsatzzeitpunkt der Methode. Die eingesetzten Prototypen müssen bereits in einem praxisfähigen Stadium sein. Entsprechend hoch können die Verluste bei schlecht ausfallenden Testergebnissen sein. Weiter zeigen die Erfahrungen in der Praxis, das häufig viel Zeit und Mühe für die Erstellung von aussagefähigen Reports investiert wird, die Mittel für die Umsetzung der aufgezeigten Verbesserungspotentiale aber fehlen oder nicht ausreichend bereit gestellt werden. Deshalb kann es gerade bei großem Zeit- oder Kostendruck lohnenswert sein, auf einen ausführlichen Endbericht zu verzichten und stattdessen die Zeit für die Erarbeitung von Lösungsansätzen zu investieren (Richter und Fückinger 2013, 84).

2.3 Einsatz und Kombinierbarkeit verschiedener Methoden entlang des Entwicklungsprozesses

Nach dem im vorherigen Kapitel die bekanntesten Usability-Methoden genannt und erläutert wurden, soll ihm diesem Abschnitt die Kombinierbarkeit der Methoden für eine gemeinsame Einsetzbarkeit in einem Entwicklungsprojekt untersucht werden. Hierfür ist es innvoll, zunächst den in jedem Entwicklungsprojekt durchlaufenen Hauptprozess in seine Kernaufgaben zu gliedern. Unabhängig von der zu entwickelten Produktkategorie werden die Prozessphasen Analyse, Modellierung, Spezifikation, Realisierung und Evaluation durchlaufen. Jeder dieser Bereiche verfolgt ein spezielles Ziel im Sinne der Anwenderorientierung.

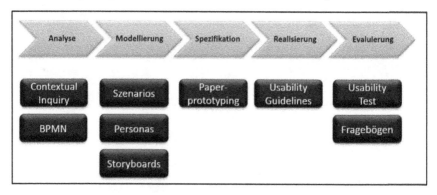

Abbildung 14 - Entwicklungsphasen mit zugehörigen Usabilitymethoden (Auswahl). Eigene Darstellung.

Bei der Analyse geht es im Wesentlichen um den Kontext zwischen Benutzer und Anwendung. Mittel der Contextual Inquiry Methode sollen die Bedürfnisse der Benutzer analysiert und verstanden werden. Die Resultate der Methode werden vorzugsweise graphisch festgehalten oder schriftlich dokumentiert. Die Methodik des *Business Modelling* wird dabei oft für die graphische Darstellung der Analyse verwendet, wenn gleich sie keine typische Methodik des Usability Engineering ist und deshalb auch nicht in vorherigen Kapiteln explizit erläutert wurde.

Die Erfahrung zeigt, dass es auch bei kleinen Entwicklungsprojekten kaum gelingt, auf Anhieb ein neues und serienreifes System oder Produkt zu entwickeln. Es ist deshalb notwendig, Schritt für Schritt das neue Produkt zu modellieren und kontinuierlich zu verbessern. Die Resultate aus der bereits erläuterten Kontextanalyse zwischen Benutzer und Anwendung dienen in der Modellierungsphase bspw. als Input für Szenarien und Personas. Während Szenarien die eigentliche Arbeit eines neuen Systems aus Benutzersicht beschreiben, stellen Personas Benutzerprofile dar. Kurz gesagt bringen Personas und Szenarien die Analyseergebnisse aus dem Contextual Inquiry auf den Punkt und schaffen somit die Basis für die weitere Entwicklung. So können die Ergebnisse aus Personas und Szenarien in der Modellierungsphase bereits als Input für Storyboards dienen. Anhand dieser können die ersten Lösungsvorschläge anschaulich dargestellt werden und als Grundlage für erste Benutzer-Feedbacks verwendet werden.

Ist eine konkrete Vorstellung über einen Lösungsvorschlag ausgearbeitet, wird dieser für die bevorstehende Entwicklung spezifiziert. Auftraggeber und Hersteller legen die Anforderungsspezifikationen über den fachlichen Inhalt der Lösung fest. Der Übergang von der Modellierungsphase zur Spezifikation erfolgt dabei fließend. Denn Ergebnisse aus der Modellierung dienen zugleich als Input für die Spezifikationen. Somit können vor allem Paper-Prototypen, aber auch Storyboards oder Szenarien der Spezifikationsphase dienen (Richter und Flückinger 2013, 25).

Für die Umsetzung der ausgearbeiteten Lösung müssen die Spezifikationen in einer einheitlichen Architektur zusammengeführt werden. Für die Entwicklung eines konsistenten und regelkonformen User Interface Designs empfiehlt sich die Methodik der Usability Guidelines. Neueste Softwaretechniken unterstützen dabei die Entwickler und sorgen so für eine effiziente Realisierungsphase.

Für kontinuierliche Verbesserung der bereits geleisteten Entwicklungsarbeit ist es unerlässlich, diese zu evaluieren. In der Evaluierungsphase werden entwickelte Komponenten oder ein Endprodukt überprüft. Im Wesentlichen werden hierzu Usability-Tests oder Fragebögen als Werkzeuge eingesetzt. Aus den Problemen eines Produkts, die mittels dieser Methoden eruiert wurden, werden nun gezielt Verbesserungsmaßnahmen ausgearbeitet und umgesetzt. Alternativ können auch Checklisten oder Expertenbefragung zur Evaluierung eines Produktes herangezogen werden.

3 Fazit

Nachdem die Notwendigkeit und Grundlage des Usability Engineerings anfangs erläutert wurde, mögliche Methoden zur Umsetzung, Usability-fördernde Maßnahmen und dessen Kombinierbarkeit entlang dem Entwicklungsprozess aufgezeigt wurden, erfolgt abschließend ein Resümee zur behandelten Thematik.

Usability Engineering hängt nicht ausschließlich vom Produkt oder einer Dienstleistung ab, sondern auch vom Kontext und den Wechselwirkungen zwischen Benutzer, Anwendung und der zugrundeliegenden Zielsetzung eines Entwicklungsprojektes. Aus diesem Grund sollte bei der Auswahl der Methoden eine wohlüberlegte Fragestellung und Zielsetzung definiert werden und deren Erreichbarkeit mit diesen Methoden noch einmal überprüft werden.

Entwickler und Anwender bilden zusammen ein interdisziplinäres Usability-Projektteam. Diese Partnerschaft sollte auf keinen Fall unterschätzt werden und bedarf deshalb ausreichender Beachtung. Die Meetings sollten möglichst mit unvoreingenommenen Diskussionen über das Produkt bzw. Dienstleistung gefüllt werden. Die Anwender kennen die Aufgaben und Probleme ihrer täglichen Arbeit detailliert und stellen somit die Messlatte für die Praxistauglichkeit eines Produkts. Das Input sollte vom Entwickler aufmerksam beachtet und letztendlich umgesetzt werden.

Nach der Anwendung der Methoden ist es wichtig, dass die folgenden Verbesserungskonzepte auf Fakten basieren. Diese zusammenzutragen und richtig zu interpretieren, ist eine schwere aber unerlässliche Aufgabe des Usability Engineerings. Dabei ist zu beachten, dass ein perfektes Produkt sich nie auf Anhieb entwickeln lässt. Deshalb sollten während dem gesamten Entwicklungsprozess immer wieder Feedbackzyklen implementiert werden um eine kontinuierliche Verbesserung gewährleisten zu können (Richter und Fückinger 2013, 149f).

4 Literaturverzeichnis

Aurich, Jan C., und Michael H. Clement. *Produkt-Service Systeme - Gestaltung und Realisierung.* Berlin, Heidelberg: Springer, 2010.

Backhaus, Claus. *Usability-Engineering in der Medizintechnik - Grundlagen - Methoden - Beispiele.* Berlin, Heidelberg: Springer, 2010.

Carrol, John M., und Mary Beth Rosson. *Usability Engineering: Scenario-based development of human computer interaction.* San Francisco: Morgan Kaufman Publishers, 2002.

Cooper, Alan. *Cooper.* 16. Oktober 2014. http://www.cooper.com/journal/2008/05/the_origin_of_personas (Zugriff am 16. 10 2014).

DIN Deutsches Institut für Normung e.V. *Ergonomie der Mensch-System-Interaktion – Teil 20: Leitlinien für die Zugänglichkeit der Geräte und Dienste in der Informations- und Kommunikationstechnologie (ISO 9241-20:2008); Deutsche Fassung EN ISO 9241-20:2009.* Berlin: Beuth, 2009.

Eller, Brigitte. *Usability Engineering in der Anwendungsentwicklung - Systematische Integration zur Unterstützung einer nutzerorientierten Entwicklungsarbeit.* Wiesbaden: Gabler, 2009.

E-Teaching. 25. November 2014. http://www.e-teaching.org/didaktik/qualitaet/usability/ (Zugriff am 25. November 2014).

Gezeitenraum. *Gezeitenraum.* 11. Dezemeber 2014. http://www.gezeitenraum.com/2013/03/praxisbeispiel-teamausrichtung-durch-design-thinking/ (Zugriff am 11. Dezember 2014).

Heina, Jürgen. *Variantenmanagement - Kosten-Nutzen-Bewertung zur Optimierung der Variantenvielfalt.* Wiesbaden: Deutscher Universitätsverlag; Gabler, 1999.

Heinecke, Andreas M. *Mensch-Computer-Interaktion - Basiswissen für Entwickler und Gestalter.* Bd. 2. Auflage. Heidelberg: Springer, 2012.

Herczeg, Michael. *Software-Ergonomie - Therien, Modelle und Kriterien für gebrauchstaugliche interaktive Computersysteme.* Bd. 3. Auflage. München: Oldenburg, 2009.

Moser, Christian. „User Experience Design." Heidelberg: Springer-Verlag, 2012.

Onlinemarketing. 27. November 2014. http://www.onlinemarketing-praxis.de/glossar/usability-test-im-labor (Zugriff am 27. November 2014).

Richter, Michael, und Markus Flückinger. *Usability Engineering kompakt - Benutzbare Produkte gezielt entwickeln.* Bd. 3. Auflage. Berlin, Heidelberg: Springer Vieweg, 2013.

Sarodnick, Florian, und Henning Brau. *Methoden der Usability Evaluation - Wissenschaftliche Grundlagen und praktische Anwendung.* Bern: Hans Gruber, 2006.

Schenk, Joachim, und Gerhard Rigoll. *Mensch-Maschine-Kommunikation - Grundlagen von sprach- und bildbasierten Buntzerschnittstellen.* Berlin, Heidelberg: Springer, 2010.

SE, Allianz. *Allianz SE.* 2014. Dezember 12. http://www.designtagebuch.de/cd-manuals/Allianz-Basics-Styleguide.pdf (Zugriff am 12. Dezember 12).

Snyder, Carolyn. *Paper Prototyping: The fast and easy way to design and refine user interfaces.* San Diego: Morgan Kaufman Publishers, 2003.

The Portfolio of Josh Keyes. 03. Dezember 2014. http://www.google.de/imgres?imgurl=http%3A%2F%2Fwww.joshwkeyes.com%2Fuploads%2F5%2F8%2F3%2F3%2F5833611%2F327879_orig.jpg&imgrefurl=http%3A%2F%2Fwww.joshwkeyes.com%2Fprojects.html&h=800&w=1071&tbnid=lyfo-d-dWi_7bM%3A&zoom=1&docid=9or9h4zJgQwHyM&ei=34SAVP_2 (Zugriff am 03. 12 2014).

UNITE UX. 16. Oktober 2014. http://uniteux.com/wp-con-tent/uploads/2014/09/prot2.jpg%5D (Zugriff am 16. 10 2014).

Usability Test. 20. November 2014. http://usability-toolkit.de/usability-methoden/usability-test/ (Zugriff am 20. November 2014).

Usabilityblog. 02. Dezember 2014. http://www.usabilityblog.de/2009/08/usability-guidelines-teil-1-definition-abgrenzung/ (Zugriff am 02. Dezember 2014).

Zühlke, Detlef. *Nutzergerechte Entwicklung von Mensch-Maschine-Systemen - Useware-Engineering für technische Systeme.* Bd. 2.Auflage. Berlin, Heidelberg: Springer, 2012.